DON ET RE

FAIT PAR LE

MONSEIGNEVR LE PRINCE, ET A MADAME LA PRINCESSE SA femme, des Terres & Seigneuries de Chantilly, Gouuieux, & Comté de Dampmartin, leurs appartenances & deppendances, au mois d'Octobre 1643.

Et veriffié en la Cour de Parlement, Chambre des Comptes, & Bureau des Tresoriers de France, les 24. & 27. Nouembre, & 3. Decembre, audit an 1643.

A PARIS,

Par PIERRE ROCOLET, Impr. & Libr. ordinaire du Roy.

Au Palais, en la Gallerie des Prisonniers, aux Armes du Roy, & de la Ville.

M. DC. XXXXIII.

Auec Priuilege de sa Majesté.

LOVYS par la grace de Dieu, Roy de France & de Nauarre ; A tous presens & à venir: Salut. Les grandes & Royales actions du feu Roy nostre tres-hónoré Seigneur & Pere, que Dieu absolue, nous fournissans des exéples d'imitation de toutes les vertus dignes de nostre naissance, & du rang que Dieu nous a donné parmy les hommes ; elles nous obligent aussi à suiure autant qu'il nous est possible ce que nous jugeós auoir esté de ses justes intentions, en ache-

A ij

uant les choſes qu'il a heureuſement
commencées, & deſquelles il auroit
vray-ſemblablement ordonné luy-
meſme l'accompliſſement entier, ſi
Dieu luy auoit prolongé d'auantage
ſes jours; Nous eſtimons qu'entre celles de cette nature ſe trouue la remiſe,
& don des biens du feu Duc de Montmorency, à luy acquis & confiſquez,
deſquels le feu Roy noſtre-dit Seigneur & Pere, n'ayant de ſon viuant
entierement diſpoſé par ſes Lettres
Patentes, en forme de Chartre, du
mois de Mars 1633. il en retint entre
ſes mains les Terres & Seigneuries de
Chantilly, auec les meubles portez
par l'Inuentaire fait d'iceux par le
Sieur de Lauzon, le 16. Fevrier 1633.
enſemble la Seigneurie & Eſtang de
Gouuieux, & Comté de Dammartin,
faiſans partie deſdits biens, circon-
ſtances & dépendances d'icelles Ter-

res & Seigneuries, en la forme qu'en
jouyssoit ledit feu Duc de Montmorency: Lesquelles choses ne furent có-
prises en la disposition & don desdits
biens, mais specialement par luy retenües & reseruees ; auec si grande ap-
parence neantmoins du peu de desir
que le feu Roy nostre-dit Seigneur &
Pere auoit de les retenir à soy incó-
mutablement, qu'il n'a jamais voulu
qu'elles fussent vnies à nostre Domaine, ny que le reuenu d'icelles passast
par nos Officiers comptables, ou qu'il
en fut rendu compte à nostre Chambre des Comptes de Paris, en atten-
dant l'occasion d'en gratifier nostre
tres-cher & tres-amé Cousin le Prince
de Condé, premier Prince de nostre
Sang, & premier Pair de France, & nostre tres-chere & tres-amée Cousine,
la Princesse de Condé son Espouse,
plus notablement interessez en ladite

retention, tant à raison de la proximité
du Sang dont noftre-dite Coufine at-
touchoit audit feu Duc de Montmorency, auquel elle eftoit fœur germai-
ne ; Qu'à caufe que ladite retention
leur oftoit les moyens de payer les
grandes & exceffiues debtes de la fuc-
ceffion dudit Duc de Montmorency,
qu'ils font obligez d'acquitter, & auf-
quelles lefdites Terres & Seigneuries
font hypotecquées, auffi bien que le
refte des biens dudit Duc de Montmorency: Ce que nous auons d'autant
plus de fujet d'executer prefentemét,
que depuis ledit temps noftre-dit
Coufin le Prince de Condé n'a ceffé
de rendre au feu Roy noftre-dit Seigneur & Pere, & à noftre Eftat , de
grands & notables feruices en toutes
occafions, ainfi qu'il a commencé de
faire enuers Nous à noftre aduene-
ment à la Couronne, au grand aduan-

tage de noſtre Royaume, & bien de
nos Sujets ; Et deſirans les recognoi-
ſtre, & l'obliger par nos bien-faits à
nous les continüer pendant noſtre
minorité, auec ſon affection & fide-
lité accoûtumée, meſmes luy don-
ner les moyens d'acquitter les debtes
de la ſucceſſion dudit Duc de Montmorency : A CES CAVSES, de l'aduis de la REYNE REGENTE, noſtre
tres-honnorée Dame & Mere, & de
noſtre certaine ſcience, plaine puiſ-
ſance & authorité Royale; Nous auôs
par ces preſentes, ſignées de noſtre
main, ceddé, remis, donné & octroyé,
& en tant que beſoin eſt, ceddons,
donnons, remettons, tranſportons,
quittons & délaiſſons à noſdits Couſin & Couſine, les Prince & Princeſſe
de Condé, à cauſe & en conſideration
den oſtre-dite Couſine la Princeſſe de
Condé, leſdites Terres & Seigneuries

de Chantilly, auec les meubles, portez
par l'Inuentaire fait d'iceux par le
sieur de Lauzon, le 16. Feurier 1633. ensemble la Seigneurie, Estang & Mou-
lins de Gouuieux, & Comté de Dammartin, auec les circonstances & dépendances desdites Terres, tout ainsi
que le feu Roy nostre-dit Seigneur &
Pere en a jouy, & jouyssoit au jour de
son deceds, par ses Fermiers, Agens,
ou Receueurs; retenües à luy par lesdites Lettres Patentes en forme de
Chartre, du mois de Mars 1633. cy-atta-
chées sous le contre-scel de nostre
Chancellerie, lesdites Terres & Seigneuries cy-dessus mentionnées, de
la qualité qu'elles sont tenües, & mouuantes des Seigneuries dont elles releuoient lors qu'elles appartenoient
audit feu Duc de Montmorency, &
sous la Iurisdiction & ressort des Iustices ausquelles elles auoient accoûtumé

mé de reſſortir ; meſmes celle de
Chantilly , du Duché & Pairie de
Montmorency ; où elle reſſortiſſoit
auant le deceds dudit Duc de Montmorency, ſans y rien changer , ny in-
nouer , chargées des droicts & deb-
uoirs Seigneuriaux , ſelon qu'ils ſont
deubs ; Enſemble des rentes ancien-
nes , réelles & foncieres , pour toutes
charges generallement quelsconques , à commancer la jouyſſance d'i-
celles Terres & Seigneuries , au premier jour d'Octobre de la preſente
année 1643. VOVLONS, & nous plaiſt,
que les Fermiers & Receueurs deſdi-
tes Terres & Seigneuries, & autres qui
auront reçeu , geré & adminiſtré le
reuenu d'icelles, ſoient tenus d'en faire les payemens, à commancer comme deſſus , à noſdits Couſin & Couſi-
ue , les Prince & Princeſſe de Condé,
ou à ceux qu'ils commettront ; Et les

Cappitaines & Concierges des Chafteaux, & Maifons dudit Chantilly &
Dammartin, à leur déliurer lefdites
Maifons, & meubles qui font en icelles, felon les inuentaires qui en ont
efté faits, à telles perfonnes que nofdits Coufin & Coufine députeront à
cét effet : Et affin que nofdits Coufin
& Coufine jouyffent plainement &
entierement de la grace, don & remi-
fe par Nous à eux faite, Novs avons
reuocqué tous autres dons & concef-
fions qui peuuent auoir efté faits par
le feu Roy, noftre-dit Seigneur & Pere, defdites Terres & Seigneuries, ou
portion d'icelles ; enfemble les charges de Cappitaines defdites Maifons
& Chafteaux de Chantilly & Dammartin, Concierges d'icelles, Gardes
des Chaffes, & autres charges generallement quelsconques, que le feu
Roy, noftre-dit Seigneur & Pere, y

peut auoir mis pendant le temps qu'il
en a jouy, sans qu'à cause du present
don & remise, nos Officiers du Domaine, ou autres, de quelque qualité
qu'ils soient, puissent pretendre aucun droict sur lesdits biens, ou en intenter aucune action, ou demande
contre nosdits Cousin & Cousine, à
quelque titre que ce soit, mesmes de
relief, mouuance, ou autrement: Ce
que nous leur auons deffendu & prohibé par ces presentes, & d'iceux en
tant que besoin est, ou seroit, de nostre grace specialle deschargé & des-
chargeons par cesdites presentes, nosdits Cousin & Cousine, nonobstant
tous Edicts à ce contraires, mesmes
lesdites Lettres Patentes de don, &
remise desdits biens du mois de Mars.
1633. ausquelles nous auons desrogé &
desrogeons pour ce regard seulemét,
voulans qu'au surplus elles soient exe-

cutées selon leur forme & teneur. S I
D O N N O N S en mandement à nos
amez & féaux Conseillers , les Gens
tenans nos Cours de Parlement de
Paris , Chambre des Comptes , Presi-
dens, & Tresoriers generaux de France , establis audit lieu, Baillifs, Senes-
chaux, ou leurs Lieutenans, & tous autres nos Officiers qu'il appartiendra;
Que de nostre present don , cession ,
octroy, transport , & délaissement , ils
fassent, souffrent, & laissent nosdits
Cousin & Cousine, leurs hoirs, succes-
seurs & ayans cause , jouyr & vser plainement , paisiblement & perpetuelle-
ment, tout ainsi & en la mesme forme
& maniere que dessus est dit, en leur
baillant & dessiurant , ou faisans bail-
ler & dessiurer l'entiere possession &
jouyssance desdites Terres & meubles, cessans & faisans cesser tous trou-
bles & empeschemens à ce contraires,

& à ce faire , souffrir & contraindre
tous ceux qu'il appartiendra , nonobstant oppositions ou appellations
quelconques ; pour lesquelles, & sans
préjudice d'icelles , ne voulons estre
differé : Et rapportant ces presentes,
auec l'Arrest d'enregistrement d'icelles , ou coppies deüement collation-
nées pour vne fois seulement, auec la
recognoissance de nosdits Cousin &
Cousine , de la jouyssance de ce present don, Nous voulons celuy ou ceux
qu'il appartiendra , & à qui ce pourra
toucher , estre tenus quittes & des-
chargez par tout où besoin sera , sans
difficulté : Car tel est nostre plaisir ;
Nonobstant que la valeur desdites
Terres & meubles ne soit cy speciffiée
& declarée, Ordonnances, Edicts, &
Lettres à ce contraires ; ausquelles &
aux dérogatoires des dérogatoires y
contenües, nous auons desrogé & des-

rogeons par cesdites presentes: Et afin
que ce soit chose ferme & stable à
toûjours, Nous y auons fait mettre
nostre scel, sauf en autres choses nostre droict, & l'autruy en toutes.
Donné à Paris au mois d'Octobre,
l'an de grace mil six cens quarante-
trois. Et de nostre regne le premier.
Signé, L O V Y S. Et sur le reply. Par
le Roy, la Reyne Regente sa Mere
presente, DE LOMENIE. Et scellé
du grand scéau de cire verte, sur lacqs
de soye rouge & verte.

Et sur le reply est escrit,

*Regiſtrées, Ouy le Procureur general du
Roy, pour jouyr par lesdits Sieur Prince &
Princeſse de Condé, de l'effet & contenu en
icelles, selon leur forme & teneur. A Paris
en Parlement, le 24. Nouembre 1643.*
Signé, DV TILLET.

Et encores est escrit;

Registrées semblablement en la Chambre des Comptes; Ouy le Procureur general du Roy, pour jouyr par le Sieur & Dame, Prince & Princesse de Condé, de l'effet & contenu en icelles, selon leur forme & teneur, les Bureaux assemblez ce 27. iour de Nouembre 1643. Signé, BOVRLON.

Et encores est escrit;

Registrées au Bureau des Finances de la Generalité de Paris, du consentement du Procureur du Roy, pour jouyr par ledit Seigneur & Dame, Prince & Princesse de Condé, de l'effet & contenu en icelles, selon leur forme & teneur, le 3. iour de Decembre 1643. Signé, LE FEBVRE, DE BEIGNON, FORNIER, DE SANTEVL, BELOCIER, PINON, FREZON, & HACHETTE. Et plus bas, Par mesdits sieurs, DE FENIS.

VEv par la Cour, les Grand' Chambre, Tournelle & de l'Edict af-
semblées, les lettres Patentes du Roy, données à Paris au mois d'Octobre
1643. Signées, LOVYS. Et plus bas, Par le ROY, LA REYNE REGENTE SA MERE PRESENTE, DE LOMENIE. Et séellées sur lacqs de soye rouge & verte, du grand féau de cire verte. Par lesquelles & pour les causes y contenües; De l'aduis de ladite Reyne Regente, fa tres-honnorée Dame & Mere, auroit ced-dé, remis, donné & octroyé, transpor-té, quitté & délaiſſé au ſieur Prince de Condé, premier Prince du Sang, & premier Pair de France, & à la Dame Princeſſe de Condé ſon Eſpouſe, à cauſe & en conſideration de ladite
Dame,

Dame, les Terres & Seigneuries de
Chantilly, auec les meubles portez
par l'Inuétaire fait d'iceux par le sieur
de Lauzon, le 16. Feurier 1633. ensemble
la Seigneurie, Estang, & Moulin de
Gouuieux, & Comté de Dampmartin,
auec les circonstances & déppendan-
ces desdites Terres, tout ainsi que le
feu Roy, son Seigneur & Pere, en auoit
jouy, & jouyssoit au iour de son deced
par ses Fermiers, Agens, ou Receueurs,
retenües à luy par ses lettres Patentes
en forme de Chartres, du mois de
Mars audit an 1633. attachées sous le
contre-séel, lesdites Terres & Seigneuries de la qualité qu'elles sont tenües
& mouuantes des Seigneurs dont elles releuoient lors qu'elles appartenoient au feu Duc de Montmorency,
& sous la Iurisdiction & ressort des Iustices ausquelles elles auoient accoû-
tume de ressortir, mesmes celle de

C

Chantilly ; du Duché & Pairie de
Montmorency où elle reſſortiſſoit
auant le deceds dudit Duc de Montmorency, ſans y rien changer ny in-
nouer, à commancer la jouyſſance d'i-
celles Terres & Seigneuries, du premier dudit mois d'Octobre 1643. Vou-
lant ledit Seigneur que les Fermiers,
Receueurs, & autres, qui auroient re-
ceu, geré, & adminiſtré le reuenu d'i-
celles, d'en faire les payemens, à commancer dudit iour premier Octobre,
à ſeſdits Couſin & Couſine, les Prince
& Princeſſe de Condé, ou à ceux qu'ils
commettront ; & les Cappitaines &
Concierges des Chaſteaux & Maiſons
dudit Chantilly & Dampmartin, à leur
déliurer leſdites Maiſons & Meubles
qui ſont en icelles, ſelon les Inuentaires qui en ont eſté faits : Et affin que
ſeſdits Couſin & Couſine jouyſſent
plainement & entieremét de la grace,

don & remise à eux faite, ledit Seigneur auroit reuoqué tous autres dons & concessions qui peuuent en auoir esté faites par ledit feu Roy, desdites Terres & Seigneuries, ou portion d'icelles, sans qu'à cause dudit don & remise, ses Officiers du Domaine, ou autres, puissent pretendre aucun droict sur lesdits biens, ou en intenter aucune action ou demande contre sesdits Cousin & Cousine, à quelque titre que ce soit, mesmes de relief, mouuance, ou autrement, ce qui leur auroit prohibé & deffendu; & d'iceux en tant que besoin seroit, deschargé sesdits Cousin & Cousine, nonobstant tous Edicts à ce contraires, mesmes lesdites lettres Patentes de don & remise desdits biens, du mois de Mars 1633. ausquelles il auroit desrogé pour ce regard seullement, ainsi & comme plus au long le contiennent lefdites Lettres. V e v auffi lefdites Lettres & Arreft de veriffication d'icelles, des mois de Mars 1633. attachées fous ledit contre féel : Requefte prefentée à ladite Cour le 17. du prefent mois de Nouembre audit an 1643. par ledit fieur Prince de Condé & fon Efpoufe, affin de veriffication defdites Lettres : Conclufions du Procureur general du Roy, la matiere mife en déliberation ; L a C o v r a ordonné & ordonne, que lefdites Lettres feront regiftrées au Greffe d'icelle, pour jouyr par lefdits Sieur Prince & Princeffe de Condé , de l'effet & contenu en icelles , felon leur forme & teneur. Fait en Parlement le 24. iour de Nouembre 1643.

Signé,   G V Y E T

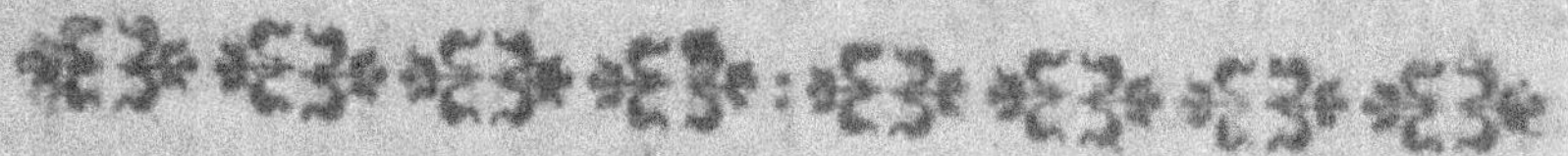

VEV par la Chambre les lettres Patentes du Roy, accordées à Paris au mois d'Octobre dernier, signées LOVYS. Et sur le reply, Par le Roy, LA REYNE REGENTE SA MERE PRESENTE, DE LOMENIE. Par lesquelles & pour les causes y contenües, sa Majesté a ceddé, remis, donné & octroyé à Monsieur & Dame les Prince & Princesse de Condé, en consideration de ladite Dame Princesse, les Terres & Seigneuries de Chantilly, auec les meubles portez par l'Inuentaire fait d'iceux, par le sieur de Lauzon, le 16. Fevrier 1633. ensemble la Seigneurie, Estang & Moulin de Gouuieux, & Comté de Dampmartin, auec les circonstances & deppendances desdites Terres, qui ont cy-deuant appartenu

au feu sieur Duc de Montmorency,
acquises & confisquées au feu Roy,
pour en joüyr par eux, leurs hoirs, suc-
cesseurs, & ayans cause, ainsi qu'en a
jouy ledit feu sieur Roy depuis le deceds dudit feu sieur Duc, à commancer ladite jouyssance du premier dudit mois d'Octobre, & sous les mesmes Iurisdictions & ressort des Iustices
ausquelles elles auoient accoûtumé
de ressortir auant ledit deceds, 'ainsi
que plus au long le contiennent lesdites Lettres: L'Arrest de verification
d'icelles en la Cour de Parlement, du
24. du present mois: Requeste à mesme fin presentée à ladite Chambre
par Messire Henry de Bourbon, Prince de Condé, premier Prince du Sang,
& Margueritte Charlotte de Montmorency son Espouse, impetrans: Con-
clusiós du Procureur general du Roy;
Et tout consideré: LaChambre a.

ordonné & ordonne, lesdites Lettres
estre regiſtrées, pour jouyr par lesdits
ſieur Prince & Princeſſe de Condé, de
l'effet & contenu en icelles, ſelon leur
forme & teneur. Fait les Bureaux aſ-
ſemblez le 27. iour de Nouembre
1643. Collationné. Et plus bas. Extraiĉt
des Regiſtres de la Chambre des
Comptes.
Signé,   BOVRLON.

*Collationné aux Originaux par moy
Conſeiller, Secretaire du Roy &
de ſes Finances.*